Obstkuchen

Ein ganzes Jahr Genuss

Obstkuchen

Ein ganzes Jahr Genuss

Herausgegeben von

Sabine Vonderstein & Patrik Jaros

Parragon

Bath • New York • Singapore • Hong Kong • Cologne • Delhi
Melbourne • Amsterdam • Johannesburg • Shenzhen

Anmerkung für den Leser:
Ein Teelöffel entspricht 5 ml, ein Esslöffel 15 ml. Soweit nicht anders angegeben, wird Vollmilch verwendet. Die Angaben zu den Obstsorten, falls nicht anders angegeben, beziehen sich auf mittlere Größen. Die Eier sind ebenfalls von mittlerer Größe und immer aus Freilandhaltung. Orangen und Zitronen sind unbehandelt, da die Schale häufig zum Aromatisieren verwendet wird.

Kinder, ältere Menschen, Schwangere, Kranke oder in Rekonvaleszenz befindliche Personen sollten auf Rezepte mit rohen oder leicht gegarten Eiern sowie Erdnüsse oder Erdussprodukte verzichten.

Allergiker bitten wir zu beachten, dass einige Fertigprodukte, die in den Rezepten verwendet werden, allergene Bestandteile enthalten können und daher immer sorgfältig die Inhaltsstoffe der Produkte überprüft werden müssen.
Bewahren Sie Lebensmittelreste immer im Kühlschrank auf und prüfen Sie sie vor ihrer Verwendung gewissenhaft auf ihre Verwertbarkeit. Verdorbene Lebensmittel dürfen auf keinen Fall verzehrt werden.

Alle Rezepte in diesem Buch wurden mit größtmöglicher Sorgfalt und Liebe zubereitet, verkostet und überprüft.

Chartist House
15-17 Trim Street
Bath BA1 1HA, UK
www.parragon.com

Projektkoordination + Design: Sabine Vonderstein, Köln
Vorwort + Lektorat: Juliane Steinbrecher, Köln
Fotografien + Foodstyling: Patrik Jaros / www.food-experts-group.com
Rezepte: Patrik Jaros / www.food-experts-group.com
Assistenz Küche: Holger Maas, Eva Peter, Claudia Wörner
Fotostyling: Sabine Vonderstein
Spitze: aus der Publikation „Lace“, herausgegeben von The Pepin Press, www.pepinpress.com

ISBN: 978-1-4723-0941-9

Printed in China

Inhalt

Vorwort

Wer kennt sie nicht: die saftige, frische und süße Verführung von Obstkuchen, sowohl vom Blech als auch aus der Form. Obstkuchen entfalten abwechslungsreich die gesamte Sinnlichkeit von Früchten, egal ob diese aus dem eigenen Garten oder vom Markt stammen. Inzwischen kann man sich das ganze Jahr über dem Genuss fast aller Obstsorten hingeben, und dennoch macht es Sinn, sich bei der Wahl des Kuchens nach den Jahreszeiten zu richten. So ist zum Beispiel Rhabarber tatsächlich nur im Frühjahr zu bekommen, und Zwetschgen schmecken am besten vollständig ausgereift im September.

Sabine Vonderstein und Patrik Jaros haben bekannte und alte Rezepte neu interpretiert und eine Sammlung von 43 leckeren Obstkuchen zusammengestellt. Von kleinen, verführerischen, süßen Tarteletten bis hin zu erfrischenden, kühlen Obsttorten bietet Ihnen dieses Buch vielfältige Inspiration. Ob zur gemütlichen Nachmittagskaffeerunde, für sonntäglichen Verwandtenbesuch oder zum lustigen Kindergeburtstag – für jeden Anlass und Geschmack finden Sie hier den geeigneten fruchtigen Begleiter.

Lassen Sie sich verführen von Klassikern wie Omas Kirschkuchen und Zitronen-Biskuitrolle, von ausgefallenen Kombinationen wie Granatapfel-Käsekuchen und Feigen-Cointreautorte oder von modernen Kreationen wie Bananen-Schokoladentorte und Geeiste Buttermilch-Kiwitorte. Geschmackvoll präsentiert werden die leckeren Obstkuchen mit stimmungsvollen Fotografien, die nicht nur zum Nachbacken, sondern auch zur passenden Gestaltung der Kaffeetafel anregen. Und verzweifeln Sie nicht, wenn Ihnen auf Anhieb nicht jeder Kuchen so gelingt, wie auf den Bildern gezeigt – schmecken wird er auf jeden Fall.

Viel Spaß und gutes Gelingen wünschen

Sabine und Patrik

Obst zu jeder Jahreszeit …

Rhabarberkuchen

Zutaten für
1 Backblech (30 cm x 40 cm)

Zubereitungszeit: 45 Minuten
Backzeit: 45 Minuten

Für den Teig:
400 g Mehl, plus etwas mehr zum Bestäuben
2 TL Backpulver
250 g Butter, plus etwas mehr zum Einfetten
125 g Zucker
4 Eier
1 Prise Salz
100 ml Milch

Für den Belag:
800 g Rhabarber
50 g Zucker
1 TL Vanillezucker
Puderzucker, zum Bestäuben

1 Für den Teig Mehl und Backpulver vermischen. Die Butter in einer Küchenmaschine schaumig rühren, dabei nach und nach Zucker, Eier, Salz und die Mehlmischung unterrühren.

2 Die Milch nach und nach einrühren, bis ein glatter Teig entsteht. Das Backblech mit Butter einfetten und mit Semmelbröseln bestreuen. Den Teig darauf verteilen und mit einem Palettenmesser glatt streichen.

3 Für den Belag die Rhabarberstangen von Stielenden und Blattansätzen befreien, die Haut von den unteren Enden abziehen, waschen, trocken tupfen und in etwa 2 cm große Stücke schneiden. Den Rhabarber mit Zucker und Vanillezucker vermischen.

4 Die Rhabarberstücke gleichmäßig auf dem Teig verteilen. Den Kuchen im vorgeheizten Backofen bei 180 °C etwa 45 Minuten backen. Aus dem Ofen nehmen, auskühlen lassen und vor dem Servieren mit Puderzucker bestäuben.

Tipp: Am besten lauwarm mit steif geschlagener Vanillesahne oder Vanilleeiscreme servieren.

Erdbeer-Zitronentarte

Zutaten für
1 geriffelte Tarteform (28 cm Ø)

Zubereitungszeit: 55 Minuten
Kühlzeit: 30 Minuten
Backzeit: 70 Minuten

Für den Teig:
175 g Mehl, plus etwas mehr zum Bestäuben
1 Ei
75 g Butter
30 g Zucker
1 Prise Salz

Für den Belag:
200 ml Milch
200 g Schlagsahne
25 g Puderzucker
abgeriebene Schale von 2 Zitronen
4 Eier
600 g vollreife Erdbeeren
100 g Schwarze Johannisbeeren
50 g Puderzucker
abgeriebene Schale von 1 kleinen Zitrone, zum Garnieren

1 Für den Teig Mehl, Ei, Butter, Zucker und Salz mit den Händen zu einem geschmeidigen Teig verarbeiten. Den Teig in Frischhaltefolie wickeln und mindestens 30 Minuten kalt stellen.

2 In der Zwischenzeit für den Belag die Milch mit Sahne, Puderzucker und Zitronenschale aufkochen und 30 Minuten ziehen lassen. Die Eier trennen und das Eigelb mit der Zitronensahne sorgfältig verquirlen.

3 Die Tarteform mit Backpapier auslegen. Den Mürbeteig auf der leicht bemehlten Arbeitsfläche mit einer Teigrolle zu einem Kreis (30 cm Ø) ausrollen. Die Form mit dem Teig auslegen, den Rand hochziehen und den überstehenden Teig abschneiden. Den Boden mehrmals mit einer Gabel einstechen.

4 Den Teigboden mit Backpapier belegen, mit Hülsenfrüchten beschweren und im vorgeheizten Backofen bei 180 °C auf der untersten Schiene 15 Minuten blindbacken. Hülsenfrüchte mit Backpapier entfernen und den Boden weitere 15 Minuten backen. Aus dem Backofen nehmen und die Temperatur auf 140 °C reduzieren. Die warme Eiermasse in die heiße Tarte füllen und 40 Minuten im Ofen eher stocken als backen lassen. Aus dem Ofen nehmen und vollständig auskühlen lassen.

5 Die Erdbeeren waschen, gut abtropfen lassen und entstielen. Die Johannisbeeren waschen und verlesen. Die Tarte dicht mit den Erdbeeren belegen.

6 Die Johannisbeeren mit dem Puderzucker fein mixen und durch ein feines Haarsieb passieren. Zum Schluss die Erdbeertarte mit dem Johannisbeerpüree beträufeln und mit der Zitronenschale bestreuen.

Erdbeer-Tarteletten mit Vanillecreme

Zutaten für
4 Tarteletteförmchen (10 cm Ø)

Zubereitungszeit: 40 Minuten
Backzeit: 18 Minuten
Kühlzeit: 30 Minuten

Für den Teig:
2 Eier
80 g Zucker
1 EL Vanillezucker
1 Prise Salz
50 g Mehl, plus etwas mehr zum Bestäuben
50 g Speisestärke
Butter, zum Einfetten

Für die Creme:
2 Eier
1 Päckchen Vanille-Puddingpulver
350 ml Milch
150 g Schlagsahne
80 g Zucker
1 TL Vanillezucker

Für den Belag:
600 g Erdbeeren
2 EL Mandelblättchen
Puderzucker, zum Bestäuben

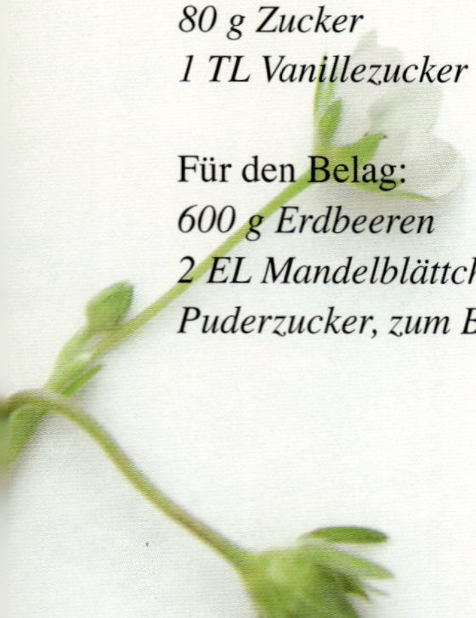

1 Für den Teig die Eier trennen. Das Eigelb in einer Küchenmaschine schaumig rühren, dabei Zucker und Vanillezucker einrieseln lassen. Das Eiweiß mit dem Salz steif schlagen. Das Mehl mit der Speisestärke vermischen und mit dem Eischnee unter die Eigelbmasse ziehen.

2 Die Förmchen mit Butter einfetten und mit Mehl bestäuben. Den Teig darauf verteilen und mit einem Palettenmesser glatt streichen. Im vorgeheizten Backofen bei 200 °C etwa 18 Minuten auf der unteren Schiene goldgelb backen. Etwas abkühlen lassen und die Tarteletten aus den Backförmchen auf ein Kuchengitter stürzen.

3 Für die Vanillecreme die Eier trennen. Das Eigelb mit dem Puddingpulver und 4 Esslöffeln Milch anrühren. Die restliche Milch mit Sahne, Zucker und Vanillezucker zum Kochen bringen. Das angerührte Puddingpulver unter Rühren zugießen, kurz aufkochen lassen und von der Kochstelle nehmen. Die Creme in eine Schüssel umfüllen, mit Frischhaltefolie abgedeckt im Kühlschrank 30 Minuten kalt stellen und danach kräftig mit einem Schneebesen durchrühren.

4 Für den Belag die Erdbeeren waschen, gut abtropfen lassen und entstielen. Die Mandelblättchen in einer Pfanne mit etwas Puderzucker ohne Fett goldbraun rösten.

5 Die abgekühlten Biskuitböden mit der Vanillecreme bestreichen. Die Erdbeeren mit den Spitzen nach oben darauflegen. Die Tarteletten mit den Mandelblättchen bestreuen und mit Puderzucker bestäuben.

Tipp: Schmeckt hervorragend auch mit anderen Beeren wie Himbeeren, Heidelbeeren, Walderdbeeren oder Brombeeren.

Waldbeeren-Mascarponetorte

Zutaten für
1 Springform (24 cm Ø)

Zubereitungszeit: 20 Minuten
Kühlzeit: 4 ½ Stunden

Für den Teig:
250 g Vollkornkekse
120 g Butter
80 g Zucker
1 Prise Zimt

Für den Belag:
500 g gemischte Beeren (Himbeeren, Brombeeren, Heidelbeeren)
3 Eigelb
100 g Zucker
500 g Mascarpone
12 Blatt weiße Gelatine
250 g Schlagsahne
80 g Butterkekse
Puderzucker, zum Bestäuben

1 Für den Teigboden die Kekse in einen Gefrierbeutel füllen und mit einer Teigrolle so lange zerdrücken, bis sie fein und bröselig sind. Die Butter in einem Topf zerlassen, die Keksbrösel mit Zucker und Zimt hineingeben und gut vermischen. Den Boden der Springform mit Backpapier auslegen, die Keksmasse darauf verteilen, fest andrücken und 30 Minuten kalt stellen.

2 Für den Belag die Beeren verlesen, waschen und abtropfen lassen.

3 Das Eigelb mit dem Zucker schaumig schlagen. Mascarpone und 300 g der Beeren zugeben. Die Gelatineblätter in kaltem Wasser 10 Minuten einweichen, danach ausdrücken und in einem kleinen Topf mit etwas Wasser unter ständigem Rühren auflösen. Die Gelatine in die Creme einrühren.

4 Die Sahne steif schlagen und unter die Creme heben. Den Belag auf dem Tortenboden verteilen, mit Frischhaltefolie abdecken und die Torte 4 Stunden im Kühlschrank kalt stellen.

5 Danach herausnehmen, die Folie entfernen und die Torte mit den restlichen Beeren dekorieren. Aus der Tortenform nehmen, um den Rand herum die Butterkekse anordnen und mit Puderzucker bestäuben.

Kleine Charlotte Russe

Zutaten für
8 kleine, hohe Auflaufformen
(à 100 ml) und
1 Backblech (30 cm x 40 cm)

Zubereitungszeit: 40 Minuten
Kühlzeit: 2 Stunden
Backzeit: 12 Minuten

Für die Creme:
5 Blatt weiße Gelatine
½ Vanillestange
200 ml Milch
60 g weiße Kuvertüre
3 Eigelb
40 g Zucker
250 g Schlagsahne

Für die Biskuits:
3 Eier
40 g Puderzucker
1 TL Vanillezucker
1 Prise Salz
50 g Zucker, plus etwas mehr zum Bestreuen
60 g Mehl, gesiebt
30 g Speisestärke
Puderzucker, zum Bestäuben

Zum Garnieren:
150 g Himbeeren
150 g Heidelbeeren
Puderzucker, zum Bestäuben

1 Die Gelatineblätter in reichlich kaltem Wasser 10 Minuten einweichen. Die Vanillestange längs halbieren und das Mark herauskratzen. Die Milch mit dem Vanillemark aufkochen, die Kuvertüre in kleine Stücke schneiden, zu der heißen Milch geben und auflösen.

2 Das Eigelb mit dem Zucker schaumig schlagen und die heiße Vanillemilch langsam unterrühren. Die Creme über einem heißen Wasserbad dickschaumig aufschlagen, bis sich beim Pusten auf die Masse am Holzlöffel ein rosenähnliches Muster bildet. Vom Wasserbad nehmen, die ausgedrückten Gelatineblätter darin auflösen und die Creme durch ein feines Sieb in eine Schüssel passieren. Im Kühlschrank auskühlen lassen, dabei öfters umrühren.

3 Die Sahne steif schlagen. Zuerst die Hälfte der Sahne unter die Creme ziehen, danach die restliche Sahne mit einem Schneebesen untermischen. In die Auflaufformen füllen, mit Folie abdecken und im Kühlschrank 2 Stunden fest werden lassen.

4 Für die Biskuits die Eier trennen und das Eigelb mit Puder- und Vanillezucker schaumig aufschlagen. Das Eiweiß mit Salz und Zucker steif schlagen. Den Eischnee unter die Eiercreme ziehen, dann das gesiebte Mehl und die Speisestärke unterheben.

5 Den Teig in einen Spritzbeutel mit 12er-Lochtülle füllen und in Streifen von etwa 5 cm Länge und 1 cm Breite auf ein mit Backpapier ausgelegtes Blech spritzen. Die Biskuits mit Zucker bestreuen und im vorgeheizten Backofen bei 180 °C etwa 12 Minuten backen. Herausnehmen und abkühlen lassen.

6 Die Charlotten aus den Förmchen stürzen, dabei vorher den Rand mit einem Messer lösen. Rundherum mit den Biskuits besetzen, oben mit den Früchten garnieren und mit Puderzucker bestäuben.

Beeren-Sektgelee mit Crème fraîche

Zutaten für
1 Pudding-Glasform (600 ml)

Zubereitungszeit: 25 Minuten
Kühlzeit: 6 Stunden

200 g Erdbeeren
150 g Brombeeren
150 g Schwarze Johannisbeeren
150 g Himbeeren
125 g Heidelbeeren
750 ml trockener Sekt
60 g Zucker
1 TL Vanillezucker
12 Blatt weiße Gelatine
250 g Crème fraîche
1 TL Puderzucker

1 Die Beeren verlesen, waschen und abtropfen lassen. Die Erdbeeren halbieren. Die Gelatineblätter in kaltem Wasser etwa 10 Minuten einweichen.

2 100 ml Sekt mit Zucker und Vanillezucker erwärmen. Die ausgedrückte Gelatine zufügen und darin auflösen. In eine Schüssel füllen und den übrigen Sekt zugießen. Sobald das Gelee anfängt fest zu werden, die Beeren dazugeben und in eine Glasform füllen. Mit Frischhaltefolie abdecken und im Kühlschrank etwa 6 Stunden fest werden lassen.

3 Die Form mit dem Gelee kurz in eine Schale mit heißem Wasser tauchen. So lässt sich das Gelee besser aus der Form lösen. Das Gelee auf eine Platte stürzen.

4 Vor dem Servieren die Crème fraîche mit dem Puderzucker verrühren und auf das gestürzte Beeren-Sektgelee geben.

Beeren-Tarteletten mit Butterstreusel

Zutaten für
6 Tartelettefőrmchen (10 cm Ø)

Zubereitungszeit: 25 Minuten
Kühlzeit: 30 Minuten
Backzeit: 35 Minuten

Für den Teig:
150 g Mehl
1 TL Backpulver
100 g Butter, plus etwas mehr zum Einfetten
150 g Zucker
1 TL Vanillezucker
1 Prise Salz
1 Ei

Für den Belag:
250 g Himbeeren
150 g Heidelbeeren
150 g Brombeeren
Puderzucker, zum Bestäuben

Für die Streusel:
100 g Mehl
50 g gemahlene Mandeln
100 g Zucker
1 TL Vanillezucker
100 g weiche Butter

1 Für den Teig das Mehl mit dem Backpulver vermischen. Butter, Zucker, Vanillezucker, Salz und Ei hinzufügen und alles mit den Händen zu einem Teig verkneten. Den Teig zu einer Kugel formen und in Frischhaltefolie gewickelt etwa 30 Minuten im Kühlschrank kalt stellen.

2 Die Tartelettefőrmchen mit Butter einfetten. Den Teig in sechs gleich große Portionen aufteilen und in die Förmchen füllen. Die Böden im vorgeheizten Backofen bei 180 °C 15 Minuten vorbacken und anschließend abkühlen lassen.

3 Für die Streusel das Mehl in eine Schüssel geben und mit den übrigen Zutaten mit den Händen zu Streuseln verkneten.

4 Für den Belag die Beeren waschen und verlesen, auf die Tartelettböden verteilen und mit den Streuseln bestreuen.

5 Die Tarteletten im Backofen erneut 20 Minuten backen. Danach abkühlen lassen, mit einem spitzen Messer aus der Form lösen und vor dem Servieren mit Puderzucker bestäuben.

Heidelbeer-Crumble mit Walnüssen

Zutaten für
1 rundes Backblech (26 cm Ø)

Zubereitungszeit: 30 Minuten
Kühlzeit: 30 Minuten
Backzeit: 35 Minuten

Für den Teig:
250 g Mehl, plus etwas mehr zum Bestäuben
1 TL Backpulver
75 g Zucker
1 TL Vanillezucker
125 g Butter, plus etwas mehr zum Einfetten
2 Eier
2 EL Semmelbrösel

Für den Belag:
400 g Heidelbeeren
2 Eigelb
90 g Zucker
1 EL Vanillezucker
50 ml Milch
100 g gemahlene Walnüsse
120 g Mehl
Puderzucker, zum Bestäuben

1 Für den Teig das Mehl mit Backpulver, Zucker und Vanillezucker vermischen. Die Butter in kleine Stücke schneiden, mit der Mehlmischung vermengen und die Eier hinzufügen. Alles mit den Händen zügig zu einem glatten Teig verkneten. In Frischhaltefolie wickeln und mindestens 30 Minuten im Kühlschrank kalt stellen.

2 Die Backform mit Butter einfetten. Den Teig auf einer bemehlten Arbeitsfläche etwas größer als die Form ausrollen, in die Form legen und einen Rand hochziehen. Den Boden mehrmals mit einer Gabel einstechen und mit den Semmelbröseln bestreuen.

3 Für den Belag die Heidelbeeren verlesen, waschen, abtropfen lassen und den Teigboden damit belegen.

4 Das Eigelb mit Zucker, Vanillezucker und Milch verrühren. Die Walnüsse hinzufügen. Das Mehl zu der Mischung hinzugeben und alles mit den Händen zu Streuseln verkneten. Anschließend die Heidelbeeren mit den Streuseln bestreuen.

5 Den Crumble im vorgeheizten Backofen bei 170 °C etwa 35 Minuten hellbraun backen. Etwas abkühlen lassen und aus der Form lösen. Vor dem Servieren vollständig auskühlen lassen und mit Puderzucker bestäuben.

Walnuss-Biskuitrolle mit Birnenfüllung

Zutaten für
1 Backblech (30 cm x 40 cm)

Zubereitungszeit: 45 Minuten
Backzeit: 20 Minuten
Kühlzeit: 5 Stunden

Für den Teig:
4 Eier
4 EL warmes Wasser
50 g Zucker
75 g Mehl (Type 405)
45 g Speisestärke
50 g gemahlene Walnüsse
1 TL Backpulver

Für die Füllung:
800 g Birnen
400 ml Birnensaft
Saft von ½ Zitrone
1 Prise Zimt
80 g Zucker
4 Blatt weiße Gelatine
250 g Schlagsahne
Puderzucker, zum Bestäuben

1 Für den Teig die Eier trennen. In einer Schüssel Eiweiß und Wasser mit dem Handrührgerät steif schlagen. Den Zucker unter Rühren langsam in den Eischnee rieseln lassen. Das Eigelb vorsichtig unterziehen. Mehl, Speisestärke, Walnüsse und Backpulver mischen. Die Mehlmischung vorsichtig unter die Eimasse heben.

2 Das Backblech mit Backpapier auslegen. Den Biskuitteig gleichmäßig auf dem Backblech verstreichen und sofort im vorgeheizten Backofen bei 170 °C auf mittlerer Schiene etwa 20 Minuten backen.

3 Den Biskuit direkt nach dem Backen auf ein angefeuchtetes Küchentuch stürzen. Das Backpapier mit kaltem Wasser bepinseln und schnell abziehen. Den Biskuitteig mit dem Küchentuch aufrollen und 2 Stunden auskühlen lassen.

4 Für die Füllung die Birnen waschen, schälen, entkernen und in Scheiben schneiden. Die Birnenscheiben mit Birnen- und Zitronensaft, Zimt und Zucker aufkochen, kurz aufwallen lassen und vom Herd nehmen. Dann die Gelatineblätter in etwas Wasser einweichen, ausdrücken, unter den noch warmen Birnensirup rühren und kalt stellen.

5 Die Schlagsahne steif schlagen. Sobald die Birnenmasse anfängt fest zu werden, die Sahne leicht unterheben.

6 Die Biskuitrolle vorsichtig ausrollen und die Birnensahne auf dem Biskuit verteilen. Sofort wieder aufrollen und weitere 3 Stunden kalt stellen. Vor dem Servieren mit Puderzucker bestäuben.

Birnen-Brombeerkuchen

Zutaten für
1 Backblech (30 cm x 40 cm)

Zubereitungszeit: 75 Minuten
Ruhezeit: 60 Minuten
Backzeit: 30 Minuten

Für den Teig:
500 g Mehl
50 g Zucker
1 Prise Salz
42 g frische Hefe (1 Würfel)
280 ml lauwarme Milch
125 g Butter, plus etwas mehr zum Einfetten

Für den Belag:
3 Birnen
250 g Brombeeren
Schale von 1 Orange
50 g brauner Zucker
100 g Quittengelee
Puderzucker, zum Bestäuben

1 Für den Teig Mehl, Zucker und Salz in einer Rührschüssel mischen. Die Hefe zerbröckeln und in lauwarmer Milch auflösen. Zur Mehlmischung geben und mit einem Handrührgerät zu einem glatten Teig verarbeiten. Den Teig an einem warmen Ort abgedeckt 30 Minuten gehen lassen.

2 Die Butter bei geringer Hitze in einem Topf zerlassen, zum Vorteig geben und alles in der Küchenmaschine so lange verrühren, bis sich der glatte Teig vom Schüsselrand löst. Den Teig abgedeckt bis zur weiteren Verarbeitung beiseitestellen.

3 Für den Belag die Birnen waschen, schälen, vierteln und das Kerngehäuse herausschneiden. Die Birnenviertel in Spalten schneiden. Die Brombeeren verlesen, waschen und abtropfen lassen. Die Orangenschale in schmale Streifen schneiden.

4 Den Hefeteig mit einer Teigrolle in der Größe des Backblechs ausrollen. Das Backblech einfetten und mit dem Teig auslegen. Das Obst und die Orangenschalenstreifen gleichmäßig darauf verteilen, etwas in den Teig drücken und mit dem braunem Zucker bestreuen. Den Kuchen weitere 30 Minuten gehen lassen.

5 Danach im vorgeheizten Backofen bei 200 C etwa 30 Minuten backen. Das Gelee kurz aufkochen. Den noch warmen Kuchen damit bestreichen und auskühlen lassen. Vor dem Servieren mit Puderzucker bestäuben.

Brombeer-Grießtorte

Zutaten für
1 Springform (22 cm Ø)

Zubereitungszeit: 30 Minuten
Backzeit: 60 Minuten

Für den Teig:
100 g Butter
160 g Zucker
3 Eier
abgeriebene Schale und Saft von 1 Orange
100 g Weichweizengrieß
1 TL Backpulver
1 Päckchen Vanille-Puddingpulver
500 g Magerquark

Für den Belag:
500 g Brombeeren
60 g Puderzucker, plus etwas mehr zum Bestäuben

1 Für den Teig die Butter in einer Schüssel mit dem Handrührgerät schaumig aufschlagen. Zucker, Eier, Orangenschale und -saft hinzufügen und alles zu einer glatten Masse verrühren.

2 Den Grieß mit Backpulver und Puddingpulver vermischen. Die Mischung unter die Buttermasse rühren und zuletzt den Quark einarbeiten.

3 Die Springform mit Backpapier auslegen, den Teig hineinfüllen und glatt streichen. Im vorgeheizten Backofen bei 180 °C etwa 60 Minuten goldbraun backen.

4 Den fertig gebackenen Kuchen einige Minuten in der Form auskühlen lassen. Dann erst aus der Form lösen und auf ein Kuchengitter umsetzen. Das Backpapier abziehen und ganz auskühlen lassen.

5 Für den Belag die Brombeeren verlesen, waschen und gut abtropfen lassen. 150 g der Brombeeren mit dem Puderzucker mixen und durch ein feines Sieb passieren. Den Kuchen mit den restlichen Brombeeren großzügig belegen, mit der Brombeersauce übergießen und vor dem Servieren mit Puderzucker bestäuben.

Tipp: Den Kuchen kann man auch mit feinem Maisgrieß zubereiten, dann wird er herrlich gelb. Als Belag können auch Walderdbeeren oder Heidelbeeren verwendet werden.

Baiser-Blätterteigschnitten mit Beeren

Zutaten für
1 Backblech (30 cm x 40 cm)
bzw. 8 Schnitten

Zubereitungszeit: 30 Minuten
Backzeit: 15 Minuten
Kühlzeit: 10 Minuten

500 g Blätterteig (6 Platten), Tiefkühlware
Mehl, zum Bestäuben
1 Eigelb
30 g Mandelblättchen
125 g Heidelbeeren
200 g Rote Johannisbeeren
125 g Himbeeren
200 g Schlagsahne
125 g feiner Zucker
1 Vanillestange
2 Eiweiß
Puderzucker, zum Bestäuben

1 Die Blätterteigplatten auf einer Arbeitsfläche zum Auftauen auslegen. Danach jeweils 3 Platten übereinanderlegen, mit Mehl bestäuben und mit einer Teigrolle etwa 1 cm dick ausrollen. Auf das mit Backpapier ausgelegte Backblech legen.

2 Das Eigelb verquirlen und die beiden Platten damit bestreichen. Die Mandelblättchen daraufstreuen und im vorgeheizten Backofen bei 190 °C auf unterer Schiene etwa 15 Minuten goldgelb backen. Herausnehmen und auskühlen lassen.

3 In der Zwischenzeit Heidelbeeren und Johannisbeeren verlesen, waschen und auf ein Küchentuch zum Abtropfen geben. Die Himbeeren ebenfalls verlesen, aber nicht waschen.

4 Die Sahne in einer Küchenmaschine mit 25 g Zucker steif schlagen. Dann abgedeckt bis zur weiteren Verarbeitung im Kühlschrank aufbewahren. Die Vanillestange längs halbieren und das Mark herauskratzen. Das Eiweiß in der Küchenmaschine halbsteif schlagen, nach und nach den restlichen Zucker einrieseln lassen und das Vanillemark zugeben. So lange rühren, bis der Schnee steif und glänzend ist. Zum Schluss die Schlagsahne unter die Baisermasse heben.

5 Die Blätterteigböden der Länge nach halbieren, die unteren Hälften mit der Hälfte der Baisermasse bestreichen, mit den Beeren bestreuen und mit der restlichen Baisermasse bestreichen. Die anderen Teighälften als Deckel wieder daraufsetzen. Vor dem Servieren mit Puderzucker bestäuben und in etwa 5 cm breite Schnitten schneiden.

Tipp: Die Blätterteigschnitten können ebenfalls mit einer Vanillecreme (s. S. 14) und anderen Obstsorten gefüllt werden.

Limetten-Himbeertarte

Zutaten für
1 Tarteform (24 cm Ø)

Zubereitungszeit: 45 Minuten
Kühlzeit: 60 Minuten
Backzeit: 65 Minuten

Für den Teig:
175 g Mehl, plus etwas mehr zum Bestäuben
1 Ei
75 g Butter
30 g Zucker
½ TL Salz

Für den Belag:
250 ml Milch
250 g Schlagsahne
120 g Puderzucker, plus etwas mehr zum Bestäuben
Schale von 2 Limetten
6 Eier
600 g Himbeeren

Für die Creme:
250 g Mascarpone
abgeriebene Schale und Saft von 1 Limette
80 g Puderzucker

1 Für den Mürbeteig Mehl, Ei, Butter, Zucker und Salz in einer Küchenmaschine mit dem Knethaken zügig zu einem geschmeidigen Teig verrühren. Den Teig zu einer Kugel formen und in Frischhaltefolie gewickelt etwa 30 Minuten im Kühlschrank kalt stellen.

2 Für den Belag Milch, Sahne, Puderzucker und Limettenschale in einem Topf zusammen aufkochen und 30 Minuten ziehen lassen. Die Eier trennen. Die Limettenschale herausnehmen und die Limettensahne sorgfältig mit dem Eigelb verquirlen.

3 Den Boden der Tarteform mit Backpapier auslegen. Den Teig auf der leicht bemehlten Arbeitsfläche zu einem Kreis (30 cm Ø) ausrollen. In die Form legen, den Rand andrücken und den überstehenden Teig abschneiden. Den Boden mehrmals mit einer Gabel einstechen, mit etwas Mehl bestäuben und weitere 30 Minuten in der Form kalt stellen.

4 Den Boden mit Backpapier belegen, mit Hülsenfrüchten beschweren und im vorgeheizten Backofen bei 180 °C auf der untersten Schiene 15 Minuten backen. Hülsenfrüchte mit Backpapier entfernen und den Boden weitere 15 Minuten blindbacken. Aus dem Backofen nehmen und die Temperatur auf 140 °C reduzieren. Die Eiermasse kurz erwärmen, bis auf 2 Esslöffel in die heiße Tarte füllen und weitere 35 Minuten backen. Herausnehmen und abkühlen lassen.

5 Die Himbeeren waschen, verlesen und die Tarte damit belegen.

6 Für die Creme den Mascarpone mit der restlichen Eiermasse, mit Limettenschale und -saft sowie Puderzucker glatt rühren. In die Mitte der Tarte geben und so verteilen, dass ein Rand mit Himbeeren sichtbar bleibt. Zum Schluss mit Puderzucker bestäuben und nach Belieben mit etwas abgeriebener Limettenschale bestreuen.

Johannisbeer-Heidelbeertörtchen mit Baiser

Zutaten für
8 Tarteletteförmchen (10 cm Ø)

Zubereitungszeit: 35 Minuten
Backzeit: 25 Minuten

Für den Teig:
300 g Mehl, plus etwas mehr zum Bestäuben
1 TL Backpulver
200 g Butter, plus etwas mehr zum Einfetten
100 g Zucker
1 Päckchen Vanillezucker
1 Ei

Für den Belag:
100 g Heidelbeergelee
250 g Heidelbeeren
250 g Rote Johannisbeeren

Für das Baiser:
3 Eiweiß
180 g Zucker
Saft von ½ Zitrone

1 Für den Teig Mehl und Backpulver vermischen. Die Butter in einer Küchenmaschine mit Zucker, Vanillezucker und Ei schaumig rühren. Die Mehlmischung hinzufügen und alles mit einem Knethaken zu einem glatten Teig verrühren.

2 Die Tarteletteförmchen mit Butter einfetten und mit etwas Mehl bestäuben. Den Teig mit einer Teigrolle auf einer bemehlten Arbeitsfläche etwa 5 mm dick ausrollen. Die Förmchen eng zusammenstellen und den Teig darüberlegen. Den Teig in die Förmchen drücken und die Ränder mit einem Messer glatt abschneiden. Die Böden im vorgeheizten Backofen bei 180 °C etwa 15 Minuten vorbacken. Herausnehmen und abkühlen lassen.

3 Für den Belag das Heidelbeergelee glatt rühren und auf den Törtchenböden verstreichen. Heidelbeeren und Johannisbeeren waschen, verlesen und darüber verteilen.

4 Für das Baiser das Eiweiß halbsteif schlagen, dabei nach und nach den Zucker einrieseln lassen. Den Eischnee weitere 5 Minuten auf höchster Stufe steif und glänzend schlagen. Den Zitronensaft hinzugeben. Das Baiser in einen Spritzbeutel mit kleiner Lochtülle füllen und punktartig auf die Beeren spritzen.

5 Die Törtchen im Backofen weitere 10 Minuten backen, bis die Baiserspitzen hellbraun sind. Aus dem Ofen nehmen und vor dem Servieren erkalten lassen.

Stachelbeer-Baiserkuchen

Zutaten für
1 geriffelte Tarteform (26 cm Ø)

Zubereitungszeit: 40 Minuten
Ruhezeit: 60 Minuten
Backzeit: 65 Minuten

Für den Teig:
250 g Mehl, plus etwas mehr zum Bestäuben
60 g Zucker
1 Prise Salz
abgeriebene Schale von 1 Zitrone
21 g frische Hefe (½ Würfel)
120 ml lauwarme Milch
1 Ei
Butter, zum Einfetten

Für die Füllung:
550 g rote Stachelbeeren
500 g Magerquark
20 g Speisestärke
120 g Zucker
1 TL Vanillezucker
abgeriebene Schale von 1 Zitrone
1 EL Zitronensaft
2 Eier
1 Prise Salz

Für das Baiser:
3 Eiweiß
130 g Zucker

1 Für den Hefeteig das Mehl in eine Schüssel sieben und in die Mitte eine Mulde drücken. Zucker, Salz und Zitronenschale auf den Mehlrand streuen. Die Hefe in die Mulde bröckeln und mit etwas Milch verrühren. Den Vorteig mit einem Tuch abgedeckt an einem warmen Ort etwa 30 Minuten gehen lassen.

2 Den Vorteig mit der Mehlmischung vom Rand, restlicher Milch und Ei verkneten und zugedeckt weitere 30 Minuten gehen lassen.

3 Für die Füllung in der Zwischenzeit die Stachelbeeren waschen und abtropfen lassen. Den Quark mit Speisestärke, Zucker, Vanillezucker, Zitronenschale und -saft, Eiern und Salz glatt rühren.

4 Für das Baiser das Eiweiß halbsteif schlagen, dabei nach und nach den Zucker einrieseln lassen. Den Eischnee weitere 5 Minuten auf höchster Stufe steif und glänzend schlagen.

5 Die Tarteform mit Butter einfetten. Den Teig auf einer bemehlten Arbeitsfläche mit der Teigrolle ausrollen und die Tarteform damit auslegen. Die Quarkmasse auf dem Teig glatt verstreichen und mit den Stachelbeeren belegen. Die Früchte etwas eindrücken.

6 Den Kuchen im vorgeheizten Backofen bei 180 °C etwa 50 Minuten backen. Das Baiser darüber verteilen. Danach weitere 15 Minuten backen. Den Kuchen in der Form auskühlen lassen und zum Servieren auf eine Tortenplatte legen.

Pflaumen-Blätterteigwähe

Zutaten für
1 Backblech (30 cm x 40 cm)

Zubereitungszeit: 30 Minuten
Kühlzeit: 15 Minuten
Backzeit: 35 Minuten

Für den Teig:
500 g Blätterteig (6 Platten), Tiefkühlware
etwas Mehl, zum Bestäuben
etwas Butter, zum Einfetten

Für den Belag:
350 g Pflaumen
250 g Crème fraîche
60 g Zucker
1 TL Vanillezucker
1 Prise Zimt
3 Eier
1 EL Speisestärke
2 EL Semmelbrösel
100 g dunkle Kuvertüre

1 Für den Teig die Blätterteigplatten auf einer Arbeitsfläche zum Auftauen auslegen. Danach die Platten übereinanderlegen, mit Mehl bestäuben und mit der Teigrolle etwas größer als die Blechform ausrollen. Auf das mit Butter eingefettete Blech legen, einen Rand hochziehen und den Boden mit einer Gabel mehrmals einstechen. Den Boden etwa 15 Minuten im Kühlschrank kalt stellen.

2 In der Zwischenzeit für den Belag die Pflaumen waschen, halbieren und entsteinen. Die Crème fraîche mit Zucker, Vanillezucker, Zimt, Eiern und Speisestärke glatt rühren.

3 Die Semmelbrösel auf den Teig streuen und die Crème-fraîche-Masse darauf verstreichen. Die Pflaumen darauf verteilen und leicht eindrücken.

4 Den Kuchen im vorgeheizten Backofen bei 190 °C etwa 35 Minuten goldbraun backen. Aus dem Ofen nehmen und auf dem Blech auskühlen lassen.

5 Die Kuvertüre in einem kleinen Topf schmelzen. Dann mit einer Gabel über den Kuchen träufeln. Vor dem Servieren in Stücke schneiden und auf einer Kuchenplatte anrichten.

Tipp: Dieser Kuchen schmeckt – je nach Jahreszeit – auch sehr gut mit Äpfeln, Aprikosen oder Pfirsichen.

Mirabellen-Blätterteigwähe

Zutaten für
1 rundes Backblech (24 cm Ø)

Zubereitungszeit: 30 Minuten
Kühlzeit: 15 Minuten
Backzeit: 35 Minuten

Für den Teig:
250 g Blätterteig (3 Platten), Tiefkühlware
etwas Mehl, zum Bestäuben
etwas Butter, zum Einfetten

Für den Belag:
400 g Mirabellen
250 g Crème fraîche
100 g Zucker
1 TL Vanillezucker
3 Eier
1 EL Speisestärke
2 EL Semmelbrösel
Puderzucker, zum Bestäuben

1 Für den Teig die Blätterteigplatten auf einer Arbeitsfläche zum Auftauen auslegen. Danach die Platten übereinanderlegen, mit Mehl bestäuben und mit der Teigrolle etwas größer als die Blechform ausrollen. Auf das mit Butter eingefettete Blech legen, einen Rand hochziehen und den Boden mit einer Gabel mehrmals einstechen. Den Boden etwa 15 Minuten im Kühlschrank kalt stellen.

2 In der Zwischenzeit für den Belag die Mirabellen waschen und entsteinen. Die Crème fraîche mit Zucker, Vanillezucker, Eiern und Speisestärke glatt rühren.

3 Die Semmelbrösel auf den Teig streuen und die Crème-fraîche-Masse darauf verstreichen. Die Mirabellen darauf verteilen und leicht eindrücken.

4 Die Wähe im vorgeheizten Backofen bei 190 °C etwa 35 Minuten goldbraun backen. Aus dem Ofen nehmen und in der Form auskühlen lassen. Danach vorsichtig auf eine Kuchenplatte heben und vor dem Servieren mit Puderzucker bestäuben.

Tipp: Statt mit Mirabellen schmeckt dieser Kuchen – je nach Jahreszeit – auch sehr gut mit Äpfeln, Aprikosen, Pfirsichen oder Zwetschgen.

Böhmischer Zwetschgenstrudel

Zutaten für
1 Backblech (30 cm x 40 cm)
bzw. 1 Strudel

Zubereitungszeit: 30 Minuten
Ruhezeit: 30 Minuten
Backzeit: 45 Minuten

Für den Teig:
130 ml Wasser
1 Prise Salz
1 EL Öl, plus etwas mehr zum Bestreichen
1 Eigelb
250 g Mehl
zerlassene Butter, zum Einfetten
Obstbrand, zum Beträufeln

Für die Füllung:
400 g Zwetschgen
180 g Butter
100 g Semmelbrösel
70 g gemahlene Mandeln
150 g Zucker
1 Prise Zimt
Puderzucker, zum Bestäuben

1 Für den Teig Wasser, Salz, Öl und Eigelb in einer Rührschüssel vermischen. Das Mehl hinzufügen und alles zu einem glatten Teig verrühren. Den Teig abgedeckt 30 Minuten ruhen lassen.

2 Den Strudelteig auf einem bemehlten Küchentuch mit der Teigrolle dünn ausrollen und mit Öl bestreichen. Dann mit etwas zerlassener Butter bestreichen und mit Obstbrand beträufeln.

3 Für die Füllung die Zwetschgen waschen, entsteinen, in kleine Ringe schneiden und auf dem Teig verteilen. Die Hälfte der Butter in einer Pfanne zerlassen und die Semmelbrösel darin bräunen. Mit Mandeln, Zucker und Zimt vermischen und die Masse über die Zwetschgen streuen.

4 Das Backblech mit Butter einfetten. Den Strudelteig mithilfe des Küchentuchs einrollen und auf das Blech legen. Den Strudel im vorgeheizten Backofen bei 180 °C etwa 45 Minuten backen und kurz vor Ende der Backzeit mit der restlichen Butter bepinseln. Vor dem Servieren mit Puder-zucker bestäuben.

Bretonischer Mirabellenkuchen

Zutaten für
1 geriffelte Tarteform
mit hohem Rand (22 cm Ø)

Zubereitungszeit: 25 Minuten
Backzeit: 45 Minuten

250 g Mirabellen
3 Eier
75 g Zucker
1 Prise Salz
100 g Mehl
120 g gemahlene Mandeln
130 g Schlagsahne
Butter, zum Einfetten
Puderzucker, zum Bestäuben

1 Die Mirabellen waschen, abtrocknen lassen und im Ganzen verwenden.

2 Eier, Zucker und Salz mit dem Handrührgerät schaumig rühren. Das Mehl esslöffelweise zugeben und unterrühren. Die Mandeln zugeben und nach und nach die Sahne zugießen. Weiterrühren, bis ein glatter, zähflüssiger Teig entsteht.

3 Die Tarteform gut einfetten und den Teig in die Form geben. Zum Schluss die Mirabellen mit dem Stiel nach oben hineinsetzen.

4 Den Kuchen im vorgeheizten Backofen bei 180 °C etwa 45 Minuten backen. Auskühlen lassen, aus der Form nehmen und vor dem Servieren mit Puderzucker bestäuben.

Tipp: Anstelle von Mirabellen können Pflaumen, Aprikosen oder auch Brombeeren verwendet werden. Wegen der leicht säuerlichen Note schmeckt dazu sehr gut Crème fraîche mit etwas Vanillezucker verrührt.

Aprikosen-Milchreiskuchen

Zutaten für
1 Tarteform (28 cm Ø)

Zubereitungszeit: 45 Minuten
Kühlzeit: 30 Minuten
Backzeit: 50–60 Minuten

Für den Teig:
200 g Mehl
1 Prise Salz
100 g Butter
1 Ei
60 g Zucker

Für den Belag:
1 Vanillestange
750 ml Milch
250 g Milchreis
140 g Zucker
abgeriebene Schale und Saft von 1 Zitrone
1 Zimtstange
500 g Aprikosen
2 Eier
1 Prise Salz
80 g Zucker
250 g Crème fraîche
Puderzucker, zum Bestäuben

1 Für den Teig Mehl und Salz auf einer Arbeitsfläche vermischen und in die Mitte eine Mulde drücken. Die Butter in kleine Stücke schneiden und mit Ei und Zucker in die Mulde geben. Alles schnell mit den Händen zu einem glatten Teig verkneten. In Frischhaltefolie wickeln und 30 Minuten im Kühlschrank kalt stellen.

2 Für den Belag die Vanillestange längs halbieren und das Mark herauskratzen. Die Milch mit Milchreis, Zucker, Zitronenschale und -saft, Zimt- und Vanillestange sowie -mark in einem Topf aufkochen und bei niedriger Temperatur etwa 20 Minuten köcheln lassen, gelegentlich umrühren. In eine Schüssel umfüllen und mit Frischhaltefolie abgedeckt lauwarm abkühlen lassen.

3 Den Teig auf einer bemehlten Arbeitsfläche erneut durchkneten. Die Hälfte des Teigs ausrollen und in die mit Backpapier ausgelegte Form legen. Den restlichen Teig zu einer Rolle formen und innen an den Rand der Form drücken. Den Boden mehrmals mit einer Gabel einstechen.

4 Die Aprikosen waschen, halbieren und entsteinen. Die Eier trennen und das Eiweiß mit dem Salz steif schlagen, dabei 2 Esslöffel Zucker einrieseln lassen. Das Eigelb mit Crème fraîche und restlichem Zucker verrühren. Zimt- und Vanillestange aus dem Milchreis nehmen. Den Reis mit der Eimasse verrühren und den Eischnee unterheben.

5 Die Hälfte des Milchreises auf den Teig streichen und mit der Hälfte der Aprikosen belegen. Den restlichen Reis darüber verteilen und mit den übrigen Aprikosen belegen.

6 Den Kuchen im vorgeheizten Backofen bei 180 °C etwa 50–60 Minuten backen. Falls er zu schnell bräunt, rechtzeitig mit Alufolie abdecken. Zum Servieren mit Puderzucker bestäuben.

Aprikosen-Heidelbeerkuchen

Zutaten für
1 Backblech (30 cm x 40 cm)

Zubereitungszeit: 45 Minuten
Backzeit: 40 Minuten

Für den Teig:
450 g Mehl
200 g Zucker
50 g Vanillezucker
200 g Butter, plus etwas mehr zum Einfetten

Für den Belag:
150 g Butter
125 g Zucker
2 TL Vanillezucker
2 Eier
500 g Magerquark
abgeriebene Schale von 1 Zitrone
2 EL Zitronensaft
1 Päckchen Vanille-Puddingpulver
750 g Aprikosen
300 g Heidelbeeren
Puderzucker, zum Bestäuben

1 Für den Teig Mehl, Zucker, Vanillezucker und Butter in einer Rührschüssel vermengen und mit den Händen zu Streuseln verarbeiten. Das Backblech mit Butter einfetten. Zwei Drittel der Streusel auf dem Blech verteilen und fest andrücken. Den Boden im vorgeheizten Backofen bei 200 °C etwa 10 Minuten vorbacken.

2 In der Zwischenzeit für den Belag Butter, Zucker und Vanillezucker mit dem Handrührgerät schaumig rühren. Die Eier nacheinander zufügen und dabei weiterrühren, bis die Masse cremig ist. Quark, Zitronenschale und -saft sowie Puddingpulver in die Crememasse einrühren. Die Quarkcreme auf den vorgebackenen Boden streichen.

3 Die Aprikosen waschen, halbieren und entsteinen. Die Heidelbeeren verlesen, waschen und abtropfen lassen. Das Obst abwechselnd in diagonalen Streifen auf der Cremeschicht verteilen. Die restlichen Streusel über das Obst streuen.

4 Den Kuchen weitere 30 Minuten im Backofen bei 180 °C backen. Nach dem Auskühlen in Stücke schneiden, mit Puderzucker bestäuben und nach Belieben mit Schlagsahne servieren.

Tarte Tatin mit Pfirsichen

Zutaten für
1 ofenfeste, beschichtete
Pfanne (24 cm Ø)

Zubereitungszeit: 20 Minuten
Backzeit: 15 Minuten

1 kg Pfirsiche
80 g weiche Butter
120 g Zucker
2 TL Vanillezucker
500 g frischer Blätterteig
150 g Crème fraîche

1 Die Pfirsiche waschen, halbieren und entsteinen.

2 Die Butter in einer Pfanne zerlassen. Den Boden der ofenfesten Pfanne mit dem Zucker bestreuen. Die Pfirsichhälften mit den Schnittflächen nach unten kreisförmig und eng beieinanderliegend darauf verteilen. Die zerlassene Butter gleichmäßig darübergießen und alles mit dem Vanillezucker bestreuen. Erst jetzt die Pfanne auf eine heiße Herdplatte stellen und den Zucker karamellisieren lassen. Dabei die Pfirsichhälften in der Pfanne leicht schwenken.

3 In der Zwischenzeit den Blätterteig mit einer Teigrolle kreisförmig 3 cm dick ausrollen. Der Durchmesser sollte etwas größer sein als die Pfanne. Die Pfirsiche mit dem Teig bedecken, den Rand nach unten drücken und überschüssigen Teig abschneiden.

4 Die Tarte im vorgeheizten Backofen bei 220 °C auf mittlerer Schiene etwa 15 Minuten backen. Der Teig muss goldbraun sein. Sollte er an einigen Stellen zu dunkel backen, rechtzeitig mit Alufolie abdecken.

5 Die Tarte aus dem Ofen nehmen und auf eine Platte stürzen. Am besten warm mit der Crème fraîche servieren.

Sauerrahmkuchen mit Nektarinen

Zutaten für
1 Springform (26 cm Ø)

Zubereitungszeit: 30 Minuten
Backzeit: 65 Minuten

3 Nektarinen
750 g Magerquark
100 g saure Sahne
3 Eier
150 g Zucker
1 Päckchen Vanille-Puddingpulver
100 ml Sonnenblumenöl
100 ml Milch
50 g gemahlene Mandeln
20 g Butter
40 g Semmelbrösel
Puderzucker, zum Bestäuben

1 Die Nektarinen waschen, schälen, entsteinen und in schmale Spalten schneiden.

2 Für den Teig den Quark mit saurer Sahne, Eiern, Zucker, Puddingpulver, Öl, Milch und Mandeln in einer Rührschüssel mit dem Handrührgerät zu einer glatten, cremigen Masse verrühren.

3 Die Springform mit der Butter einfetten und mit den Semmelbröseln ausstreuen. Den Teig in die Springform füllen und die Nektarinenspalten kreisförmig darauf verteilen. Den Kuchen im vorgeheizten Backofen bei 170 °C etwa 65 Minuten backen.

4 Den Kuchen in der Form abkühlen lassen, dann herausnehmen und vorsichtig auf eine Kuchenplatte setzen. Vor dem Servieren mit Puderzucker bestäuben.

Kirsch-Marmor-Gugelhupf

Zutaten für
1 Gugelhupfform (26 cm Ø)

Zubereitungszeit: 30 Minuten
Backzeit: 60 Minuten

250 g weiche Butter, plus etwas mehr zum Einfetten
250 g Zucker
2 TL Vanillezucker
4 Eier
500 g Mehl
1 Päckchen Backpulver
½ TL Salz
100 ml Milch
2 EL Semmelbrösel
300 g Kirschen
30 g Kakaopulver
1 EL Puderzucker, zum Bestäuben

1 Die Butter in einer Schüssel cremig rühren, dabei nach und nach Zucker und Vanillezucker hinzufügen. Die Eier nacheinander unterrühren und weiterrühren, bis die Buttermasse glatt ist.

2 Das Mehl mit Backpulver und Salz vermischen. Abwechselnd mit der Milch in die Buttermasse einrühren. Weiterrühren, bis ein glatter, zähflüssiger Teig entsteht.

3 Die Gugelhupfform mit der Butter einfetten und mit den Semmelbröseln bestreuen. Die Hälfte des Rührteigs hineinfüllen. Die Kirschen waschen und die Hälfte der ganzen Früchte auf dem Teig verteilen und leicht eindrücken. Den Kakao unter den restlichen Teig rühren.

4 Den dunklen Teig über den hellen füllen. Die restlichen Kirschen darauf verteilen. Mit einem Holzlöffelstiel beide Teigschichten leicht mischen, damit das Marmormuster entsteht.

5 Den Kuchen im vorgeheizten Backofen bei 180 °C etwa 1 Stunde backen. Danach kurz in der Form abkühlen lassen, anschließend auf ein Kuchengitter stürzen. Mit dem Puderzucker bestäuben und zum Servieren auf eine Kuchenplatte setzen.

Sauerkirsch-Clafoutis

Zutaten für
1 ofenfeste, beschichtete Pfanne (28 cm Ø)

Zubereitungszeit: 45 Minuten
Ruhezeit: 30 Minuten
Backzeit: 20 Minuten

2 Eier
60 g Zucker
1 EL Vanillezucker
100 g Mehl
200 ml Milch
1 Prise Salz
1 Msp. abgeriebene Schale von 1 Zitrone
250 g Sauerkirschen
2 EL Pflanzenöl
1 EL Puderzucker, zum Bestäuben

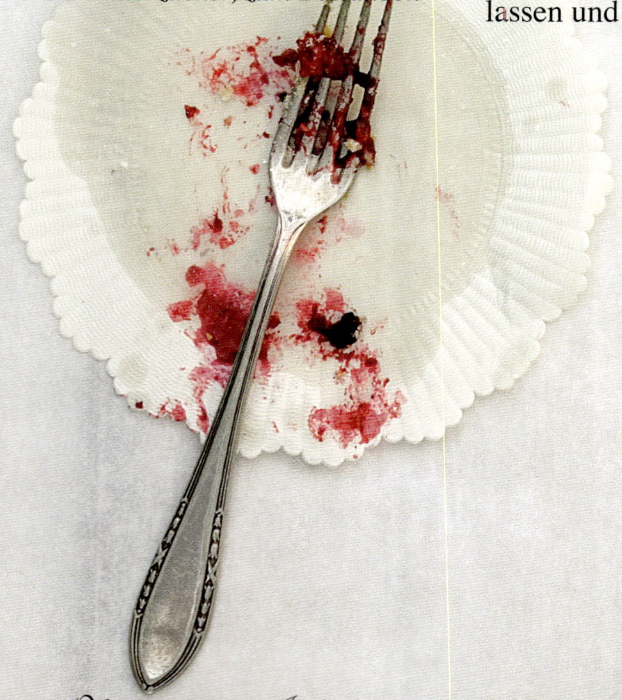

1 Die Eier trennen. Das Eigelb mit Zucker und Vanillezucker in der Küchenmaschine schaumig rühren. Mehl, Milch, Salz und Zitronenschale unterrühren, bis ein glatter Teig entsteht. Danach den Teig 30 Minuten ruhen lassen.

2 Die Sauerkirschen waschen und in einem Sieb abtropfen lassen.

3 Das Eiweiß in der Küchenmaschine steif schlagen und vorsichtig unter den Teig heben.

4 Das Pflanzenöl in der ofenfesten Pfanne erhitzen. Den Teig hineingießen und auf dem Herd 5 Minuten bei geringer Hitze backen, bis die Unterseite leicht gebräunt ist. Die Kirschen auf die noch nicht ganz feste Oberfläche streuen.

5 Den Clafoutis dann für etwa 15 Minuten im vorgeheizten Backofen bei 180 °C backen. Aus der Pfanne auf eine Tortenplatte gleiten lassen und lauwarm mit dem Puderzucker bestreut servieren.

Omas Kirschkuchen

Zutaten für
1 kleines Backblech mit
hohem Rand (20 cm x 30 cm)

Zubereitungszeit: 25 Minuten
Backzeit: 50 Minuten

500 g Kirschen
150 g weiche Butter, plus etwas mehr zum Einfetten
150 g Zucker
4 Eier
70 g ungeschälte, gemahlene Mandeln
150 g Instantmehl
½ TL Backpulver
Semmelbrösel, zum Ausstreuen
Puderzucker, zum Bestäuben

1 Die Kirschen waschen, abtrocknen lassen und entsteinen.

2 Die Butter mit dem Zucker in einer Küchenmaschine schaumig rühren. Die Eier trennen. Das Eigelb nach und nach unter die Buttermasse rühren. Das Eiweiß steif schlagen. Mandeln, Mehl und Backpulver unter die Buttermasse rühren und den Eischnee unterheben.

3 Das Backblech mit Butter einfetten und mit Semmelbröseln ausstreuen. Den Teig einfüllen und die Kirschen darauf verteilen.

4 Den Kuchen im vorgeheizten Backofen bei 180 °C auf unterer Schiene 50 Minuten backen. Nach dem Ende der Backzeit den Kirschkuchen noch weitere 10 Minuten im ausgeschalteten Backofen stehen lassen.

5 Den abgekühlten Kuchen vor dem Servieren mit Puderzucker bestäuben.

Apfel-Cidrekuchen

Zutaten für
1 rundes Backblech (26 cm Ø)

Zubereitungszeit: 45 Minuten
Backzeit: 35 Minuten

Für den Teig:
300 g Mehl, plus etwas mehr zum Bestäuben
1 TL Backpulver
100 g Butter, plus etwas mehr zum Einfetten
150 g Magerquark
100 ml Milch
80 g Zucker
1 TL Vanillezucker
1 Prise Salz

Für den Belag:
2 Eier
1 Päckchen Vanille-Puddingpulver
350 ml Milch
100 g Zucker
150 ml Cidre
1 Prise Salz
750 g Äpfel (Golden Delicious)
Saft von ½ Zitrone

1 Für den Teig das Mehl mit dem Backpulver vermischen. Die Butter in einem Topf zerlassen. Die Mehlmischung mit Quark, Milch, zerlassener Butter, Zucker, Vanillezucker und Salz in einer Küchenmaschine zu einem glatten Teig verarbeiten. Die Backform mit Butter einfetten. Den Teig auf einer bemehlten Arbeitsfläche in der Größe des Backblechs ausrollen und die Form damit auslegen. An den Rändern den Teig 2 cm hoch andrücken.

2 Für den Belag die Eier trennen. Das Puddingpulver mit Eigelb und 4 Esslöffeln Milch anrühren. Die restliche Milch mit 80 g Zucker zum Kochen bringen. Das angerührte Puddingpulver unter Rühren zugießen und kurz aufkochen lassen. Dann den Cidre zugeben und nochmals kurz aufkochen lassen. Den Pudding in eine Schüssel umfüllen und mit Frischhaltefolie abgedeckt im Kühlschrank etwas abkühlen lassen.

3 Das Eiweiß mit dem Salz steif schlagen und unter den lauwarmen Pudding heben. Die Puddingmasse auf dem Teig verteilen und glatt streichen.

4 Die Äpfel schälen, vom Kerngehäuse befreien, vierteln und in schmale Spalten schneiden. Die Apfelspalten mit restlichem Zucker und Zitronensaft vermischen. Die Puddingschicht fächerförmig mit den Apfelspalten belegen.

5 Den Kuchen im vorgeheizten Backofen bei 180 °C etwa 35 Minuten goldgelb backen und vor dem Servieren auskühlen lassen.

Amerikanische Apple Pies

Zutaten für
4 Tarteletteförmchen (10 cm Ø)

Zubereitungszeit: 90 Minuten
Kühlzeit: 30 Minuten
Backzeit: 45–50 Minuten

170 g kalte Butter, plus etwas mehr zum Einfetten
300 g Mehl, plus etwas mehr zum Bestäuben
1 Prise Salz
1 kg Äpfel
150 g Zucker
1 Prise Muskatnuss
½ TL Zimt
abgeriebene Schale von 1 Zitrone
1 Eigelb
50 g Schlagsahne

1 Für den Teig 130 g Butter in Stücke schneiden. 280 g Mehl, Salz und Butterstücke in der Küchenmaschine zu einem krümeligen Teig verarbeiten. Nach und nach einige Esslöffel sehr kaltes Wasser zugeben und weiterrühren, bis sich eine Teigkugel bildet. Den Teig in Frischhaltefolie wickeln und etwa 30 Minuten kalt stellen.

2 Für die Füllung die Äpfel schälen, vom Kerngehäuse befreien und in Scheiben schneiden. Die Apfelscheiben mit Zucker, Muskatnuss, Zimt, Zitronenschale und dem restlichen Mehl vermischen.

3 Die Tarteletteförmchen mit Butter einfetten. Zwei Drittel des Teigs auf einer bemehlten Arbeitsfläche mit einer Teigrolle 3 mm dick ausrollen und die Förmchen damit auskleiden. Die Teigböden mehrmals mit einer Gabel einstechen. Die Apfelmischung auf dem Teig verteilen und mit der restlichen Butter in Flöckchen bestreuen.

4 Ein Drittel des verbliebenen Teigs ausrollen und in Streifen schneiden. Den restlichen Teig dünn zu 4 Teigdeckeln ausrollen und auf die Füllungen legen, dabei die Ränder gut andrücken. Einige Löcher in den Teigdeckel stechen. Eigelb und Sahne miteinander verquirlen. Die Teigstreifen gitterförmig auf die Teigdeckel legen und mit der Eigelb-Sahne-Mischung bestreichen.

5 Die Apple Pies im vorgeheizten Backofen bei 200 °C etwa 45–50 Minuten backen und am besten lauwarm, zum Beispiel mit Vanilleeiscreme, oder kalt servieren.

Zimtapfel-Mandelkuchen

Zutaten für
1 Springform (24 cm Ø)

Zubereitungszeit: 45 Minuten
Backzeit: 45 Minuten

Für den Teig:
400 g Mehl, plus etwas mehr zum Bestäuben
2 TL Backpulver
250 g Butter, plus etwas mehr zum Einfetten
125 g Zucker
4 Eier
1 Prise Salz
100 ml Milch

Für den Belag:
1 kg Äpfel (Rubinette)
Saft von einer ½ Zitrone
½ TL Zimt
50 g Zucker
80 g Mandelblättchen
Puderzucker, zum Bestäuben

1 Für den Teig das Mehl mit dem Backpulver vermischen. Die Butter in einer Küchenmaschine schaumig rühren, dabei nach und nach Zucker, Eier, Salz und Mehlmischung unterrühren.

2 Die Milch nach und nach einrühren, bis ein glatter Teig entsteht. Die Springform mit Butter einfetten und mit Mehl bestäuben. Den Teig in die Form geben und mit einem Palettenmesser glatt streichen.

3 Für den Belag die Äpfel schälen, vierteln und entkernen. Die Viertel in dünne Scheiben schneiden und mit dem Zitronensaft beträufeln. Die Apfelscheiben mit dem Zimt bestäuben und mit Zucker und Mandelblättchen vermischen.

4 Die Apfelmasse gleichmäßig auf dem Teig verteilen. Den Kuchen im vorgeheizten Backofen bei 180 °C etwa 45 Minuten backen. Aus dem Ofen nehmen, auskühlen lassen und vor dem Servieren mit Puderzucker bestäuben.

Apfel-Zimttarte

Zutaten für
1 Tarteform (28 cm Ø)

Zubereitungszeit: 45 Minuten
Backzeit: 30 Minuten

Für den Teig:
150 g Mehl
75 g Speisestärke
2 TL Backpulver
150 g weiche Butter, plus etwas mehr zum Einfetten
125 g Zucker
1 TL Puderzucker
4 Eier

Für den Belag:
750 g Äpfel
40 g Zucker
1 TL Zimt

1 Für den Teig das Mehl mit Speisestärke und Backpulver vermischen. Die Butter in einer Schüssel mit einem Handrührgerät schaumig rühren. Nach und nach Zucker, Puderzucker und Eier unterrühren. Anschließend die Mehlmischung in zwei Portionen zügig unterrühren.

2 Die Tarteform mit Butter einfetten. Den Teig in die Form füllen und glatt streichen.

3 Für den Belag die Äpfel waschen, schälen, vom Kerngehäuse befreien und in dünne Spalten schneiden. Die Spalten mit Zucker und Zimt vermischen. Die Apfelspalten gleichmäßig auf dem Teig verteilen.

4 Den Kuchen im vorgeheizten Backofen bei 180 °C etwa 30 Minuten backen, bis er leicht gebräunt ist. Dann in der Form auskühlen lassen, in Stücke schneiden und servieren.

Trauben-Schmandkuchen

Zutaten für
1 geriffelte Tarteform (26 cm Ø)

Zubereitungszeit: 40 Minuten
Backzeit: 50 Minuten

Für den Teig:
270 g Mehl, plus etwas mehr zum Bestäuben
1 TL Backpulver
150 g Magerquark
80 ml Milch
80 ml Pflanzenöl
80 g Zucker
1 TL Vanillezucker
1 Prise Salz
Butter, zum Einfetten

Für den Belag:
250 g Schmand
2 Eigelb
400 ml Milch
1 Packungen Vanille-Puddingpulver
1 TL Vanillezucker
60 g Zucker
350 g rote und weiße Trauben

1 Für den Teig das Mehl mit dem Backpulver vermischen. Die Mehlmischung mit Quark, Milch, Öl, Zucker, Vanillezucker und Salz in einer Küchenmaschine mit dem Knethaken zu einem glatten Teig verarbeiten.

2 Die Tarteform mit Butter einfetten. Den Teig auf einer bemehlten Arbeitsfläche mit der Teigrolle in der Größe der Tarteform ausrollen, in die Form legen und den Rand hochziehen.

3 Für den Belag den Schmand mit dem Eigelb verrühren. 100 ml Milch mit dem Vanille-Puddingpulver verrühren. Die restliche Milch mit Vanillezucker und Zucker zum Kochen bringen. Das angerührte Puddingpulver einrühren und kurz aufkochen lassen. Vom Herd nehmen und in die Schmandmischung rühren. Etwas abkühlen lassen.

4 Die Creme auf den Teig streichen. Die Trauben abzupfen, waschen und auf der Creme verteilen.

5 Den Kuchen im vorgeheizten Backofen bei 180 °C etwa 50 Minuten backen. Nach 30 Minuten mit Alufolie abdecken, damit er nicht zu dunkel wird. Vor dem Servieren vollständig auskühlen lassen.

Tipp: Für einen zusätzlichen Guss 250 ml weißen Traubensaft mit 30 g Zucker aufkochen und drei in kaltem Wasser eingeweichte und ausgedrückte Gelatineblätter darin auflösen. Abkühlen lassen, bis der Guss anfängt zu gelieren, den Kuchen damit übergießen und den Guss vollständig fest werden lassen.

Bananen-Schokoladentorte

Zutaten für
1 Springform (28 cm Ø)

Zubereitungszeit: 55 Minuten
Kühlzeit: 3 Stunden

Für den Boden:
150 g Zartbitter-Kuvertüre
20 g Butter
150 g Schokoladen-Reisflakes

Für den Belag:
600 g Magerquark
100 g Zucker
1 TL Vanillezucker
abgeriebene Schale von 1 Zitrone
3 vollreife Bananen, etwa 350 g
2 EL Zitronensaft
10 Blatt weiße Gelatine
200 g Schlagsahne
250 g Zartbitter-Kuvertüre, zum Garnieren

1 Für den Boden die Kuvertüre in Stücke schneiden und in einer Schüssel über einem Wasserbad mit der Butter bei schwacher Hitze unter ständigem Rühren schmelzen. Die Schokoladen-Reisflakes in einer Küchenmaschine fein hacken und unter die Schokoladenbutter rühren.

2 Die Springform mit Backpapier auslegen. Die Schokoladenmasse in die Form geben und mit einem Löffel fest am Boden andrücken. Den Tortenboden für 1 Stunde im Kühlschrank kalt stellen.

3 Für den Belag Quark, Zucker, Vanillezucker und Zitronenschale in einer Schüssel verrühren. Die Bananen schälen, in dünne Scheiben schneiden und mit dem Zitronensaft beträufeln. Die Gelatine 10 Minuten in kaltem Wasser einweichen, leicht ausdrücken und in einem Topf mit etwas Wasser bei mittlerer Hitze unter ständigem Rühren auflösen. Die Bananen und die aufgelöste Gelatine unter die Quarkmasse rühren.

4 Die Sahne steif schlagen und mit einem Teigschaber unter die fest werdende Quark-Bananen-Masse heben. Die Creme auf dem Tortenboden verteilen und mit einem Palettenmesser glatt streichen. Die Torte weitere 2 Stunden im Kühlschrank kalt stellen.

5 Zum Garnieren die Zartbitter-Kuvertüre mit einem Sparschäler abschaben und die Flocken über den Kuchen geben. Anschließend den Springformrand entfernen, die Torte auf eine Tortenplatte heben und servieren.

Ananas-Kokoskuchen

Zutaten für
1 Springform (28 cm Ø)

Zubereitungszeit: 50 Minuten
Backzeit: 80 Minuten

Für den Teig:
500 g frisch geriebene Kokosraspel
400 ml Kokoswasser
4 Eier
300 g brauner Zucker
200 g Instantmehl
80 g Speisestärke
2 TL Backpulver
½ TL gemahlener Kardamom
½ TL Zimt
120 g gemahlene Mandeln

Für den Belag:
½ vollreife Ananas
150 g Ingwerkonfitüre
30 g frisch geriebene Kokosraspel

1 Für den Teig die Kokosraspel mit dem Kokoswasser in mehreren Portionen im Mixer verarbeiten, bis die Kokosraspel ganz fein zermahlen sind. Die Kokosmasse in eine Schüssel geben.

2 Für den Belag die Ananas schälen, vierteln und den harten Strunk herausschneiden. Die Viertel in 2 mm dünne Scheiben schneiden und bis zur weiteren Verarbeitung beiseitestellen.

3 Die Eier trennen und das Eigelb mit der Hälfte des Zuckers schaumig schlagen. Die Kokosmasse zugeben und kräftig durchrühren. Das Mehl mit Speisestärke, Backpulver, Kardamom, Zimt und Mandeln vermischen. Die Mehlmischung unter die Kokosmasse rühren. Das Eiweiß steif schlagen, dabei den restlichen Zucker langsam einrieseln lassen. Den Eischnee vorsichtig unter die Kokosmasse heben.

4 Die Springform mit Backpapier auslegen. Die Masse in die Form streichen und die Ananasscheiben fächerartig darauf verteilen. Den Kuchen im vorgeheizten Backofen bei 160 °C etwa 80 Minuten goldbraun backen. Danach abkühlen lassen, aus der Form nehmen und auf einem Kuchengitter erkalten lassen.

5 Die Ingwerkonfitüre erwärmen, durch ein Sieb streichen und den Kuchen damit bestreichen. Die Kokosraspel vor dem Servieren über den Kuchen streuen.

Tipp: Frische Kokosnussstreifen sind oft im Supermarkt-Frischeregal erhältlich. Als Ersatz einfach 300 g trockene Kokosraspel mit 200 ml heißem Wasser übergießen und 10 Minuten quellen lassen. Kokoswasser gibt es auch in der Dose (300 ml). Die Menge bis zu den benötigten 400 ml mit Wasser auffüllen.

Granatapfel-Käsekuchen

Zutaten für
1 Springform (24 cm Ø)

Zubereitungszeit: 30 Minuten
Kühlzeit: 4 ½ Stunden

Für den Teig:
225 g Haferkekse
75 g Butter, plus etwas mehr zum Einfetten

Für die Füllung:
9 Blatt weiße Gelatine
500 g Quark (20% Fett)
3 EL Orangensaft
75 g Puderzucker
200 g Schlagsahne
2 Eiweiß

Für den Belag:
2 Blatt weiße Gelatine
100 ml klarer Quittensaft
40 ml Kirschwasser
40 g Zucker
2 Granatäpfel, die Kerne herausgelöst

1 Die Springform mit Butter einfetten. Die Kekse in einen Gefrierbeutel füllen und mit einer Teigrolle so lange zerdrücken, bis sie fein und bröselig sind. Die Butter in einem Topf zerlassen, die Keksbrösel hineingeben und gut vermischen. Die Keksmasse auf den Boden der Springform fest andrücken und für 30 Minuten kalt stellen.

2 Für die Füllung die Gelatineblätter in kaltem Wasser 10 Minuten einweichen. Den Quark mit Orangensaft und Puderzucker in einer Schüssel verrühren und nach und nach die Sahne unterrühren. Das Eiweiß in einer zweiten Schüssel steif schlagen. Die Gelatine leicht ausdrücken und in einem kleinen Topf bei mittlerer Hitze auflösen. Dann unter die Quarkcreme rühren und den Eischnee vorsichtig unterheben.

3 Die Füllung in die Form gießen, glatt streichen, mit Frischhaltefolie abdecken und 2 Stunden kalt stellen.

4 Für den Belag die Gelatineblätter in kaltem Wasser 10 Minuten einweichen. Den Quittensaft mit Kirschwasser und Zucker aufkochen und die leicht ausgedrückten Gelatineblätter darin auflösen. Vom Herd nehmen, die Granatapfelkerne hineingeben und die Masse auskühlen lassen.

5 Das Granapfelgelee auf den fest gewordenen Kuchen streichen und diesen für weitere 2 Stunden kalt stellen. Den Kuchen aus der Springform nehmen und auf einer Kuchenplatte servieren.

Hefekuchen mit Mango

Zutaten für
1 Backblech (30 cm x 40 cm)

Zubereitungszeit: 35 Minuten
Ruhezeit: 40 Minuten
Backzeit: 45 Minuten

Für den Teig:
400 g Mehl
21 g frische Hefe (½ Würfel)
80 g Zucker
250 ml lauwarme Milch
1 Prise Salz
abgeriebene Schale von ½ Zitrone
2 Eier
80 g weiche Butter, plus etwas mehr zum Einfetten

Für den Belag:
2 vollreife Mangos
1 Ei
30 g weiche Butter
50 g brauner Zucker
125 g Quark
20 g Instantmehl
abgeriebene Schale von ½ Zitrone
1 Prise Salz
2 Eigelb, verquirlt
20 g Kokosraspel

1 Für den Hefeteig das Mehl in eine Schüssel geben, in die Mitte eine Mulde drücken und die Hefe hineinbröckeln. Mit 1 TL Zucker, etwas lauwarmer Milch und Mehl vom Rand verrühren und leicht mit Mehl überstäuben. Den Vorteig mit einem Küchentuch abdecken und an einem warmen Ort etwa 10 Minuten gehen lassen.

2 Am Schüsselrand restlichen Zucker, Salz, Zitronenschale, Eier und Butter verteilen. Alles gut mit dem Knethaken in einer Küchenmaschine verkneten. Danach erneut abgedeckt etwa 30 Minuten an einem warmen Ort gehen lassen.

3 Inzwischen für den Belag die Mangos schälen, das Fruchtfleisch von den Steinen lösen und in dünne Scheiben schneiden. Das Ei trennen. Die Butter schaumig rühren. Eigelb und Zucker nach und nach unter die schaumige Butter rühren. Quark, Mehl und Zitronenschale einrühren. Das Eiweiß mit dem Salz steif schlagen und unter die Quarkmasse heben.

4 Das Backblech mit Butter einfetten. Den Teig auf einer bemehlten Arbeitsfläche mit einer Teigrolle auf die Größe des Backblechs ausrollen und auf das Blech legen. Die Quarkmasse gleichmäßig auf dem Teig verstreichen und die Mangoscheiben darauf verteilen.

5 Den Kuchen mit dem verquirlten Eigelb bestreichen und im vorgeheizten Backofen bei 180 °C etwa 45 Minuten goldbraun backen. Auskühlen lassen und vor dem Servieren mit den Kokosraspeln bestreuen.

Geeiste Buttermilch-Kiwitorte

Zutaten für
1 Backblech und
1 Tortenring (28 cm Ø)

Zubereitungszeit: 35 Minuten
Backzeit: 25 Minuten
Kühlzeit: 3 Stunden

Für den Teig:
250 ml Wasser
65 g Butter
1 Prise Salz
30 g Zucker
150 g Mehl
3 Eier

Für die Füllung:
14 Blatt weiße Gelatine
1 l Buttermilch
Saft von 2 Zitronen
100 g Zucker
2 TL Vanillezucker
200 g Schlagsahne
4 große Kiwis

1 Für den Brandteig Wasser, Butter, Salz und Zucker aufkochen. Das Mehl auf einmal zufügen und mit einem Kochlöffel kräftig einrühren, bis sich die Masse als Kloß vom Topfboden löst und sich dort ein weißer Film bildet. Vom Herd nehmen und die Eier nach und nach mit einem Handrührgerät einarbeiten.

2 Den Teig in einen Spritzbeutel mit einer mittelgroßen Lochtülle füllen und in einem Durchmesser von 28 cm spiralförmig im Abstand von knapp 1 cm auf ein mit Backpapier ausgelegtes Backblech spritzen. Den restlichen Teig als Streifen daneben aufspritzen.

3 Das Blech in den auf 220 °C vorgeheizten Backofen auf mittlerer Schiene stellen und eine Mokkatasse Wasser auf den Boden des Ofens gießen. Den Ofen sofort verschließen und den Brandteig 25 Minuten goldbraun backen. Den Boden herausnehmen, auskühlen lassen und auf ein Kuchengitter setzen.

4 Für die Füllung die Gelatineblätter in kaltem Wasser etwa 10 Minuten einweichen. Buttermilch, Zitronensaft, Zucker und Vanillezucker miteinander verrühren. Die Gelatine ausdrücken, bei schwacher Hitze auflösen und unter die Buttermilch rühren. So lange kalt stellen, bis die Masse zu gelieren beginnt. Die Sahne steif schlagen und in zwei Portionen unter die Buttermilchmischung heben.

5 Den Tortenring um den Tortenboden schließen. Die Buttermilchcreme hineingeben und gleichmäßig verteilen. Die Torte 3 Stunden im Kühlschrank kalt stellen.

6 Die gebackenen Teigstreifen zerbrechen. Die Kiwis schälen und in Scheiben schneiden. Die Buttermilchtorte damit belegen und mit dem Teigbruch bestreuen. Den Tortenring entfernen und die Torte auf einer Tortenplatte anrichten.

Mandarinen-Camparitorte

Zutaten für
1 Springform (22 cm Ø)

Zubereitungszeit: 30 Minuten
Kühlzeit: 3 ½ Stunden

Für den Teig:
150 g Löffelbiskuits
125 g Butter

Für die Füllung:
800 g Mandarinen aus der Dose
600 g Frischkäse
350 g Joghurt
50 ml Orangensaft
150 ml Campari
10 Blatt weiße Gelatine
100 g Zucker

1 Den Boden der Springform mit Backpapier auslegen und den Springformring herumspannen.

2 Für den Teig die Löffelbiskuits in einen Gefrierbeutel geben und mit einer Teigrolle so lange zerdrücken bis sie fein und bröselig sind. 2 Esslöffel der Brösel zum Dekorieren zurückbehalten. Die Butter in einem Topf zerlassen, über die restlichen Brösel gießen und alles gleichmäßig vermengen. Diese Masse in die Form geben, auf dem Boden verteilen und fest andrücken. Den Boden im Kühlschrank 30 Minuten kalt stellen.

3 Für den Belag die Mandarinen vorsichtig in einem Sieb abtropfen lassen, den Saft auffangen. Den Frischkäse mit Joghurt, Orangensaft und Campari in einer Küchenmaschine glatt rühren.

4 Die Gelatine in kaltem Wasser etwa 10 Minuten einweichen. Zucker und die Hälfte des Mandarinensafts aufkochen. Die gut ausgedrückten Gelatineblätter zugeben und darin auflösen. Etwa 1 Stunde ziehen lassen.

5 Die Gelatinemasse nach und nach in die Frischkäsecreme einrühren. Die Hälfte der Mandarinen vorsichtig untermischen und die Füllung in die Springform füllen. Glatt streichen und mit Frischhaltefolie abgedeckt 3 Stunden im Kühlschrank kalt stellen.

6 Danach die Folie abnehmen, die Torte mit den restlichen Mandarinen belegen und die zurückbehaltenen Brösel darüberstreuen.

Tipp: Im Sommer mit frischen Erdbeeren zubereiten. Falls keine Mandarinen erhältlich sein sollten, kann die Torte auch mit Pfirsichen hergestellt werden.

Orangentarte à la Angela

Zutaten für
1 geriffelte Tarteform (24 cm Ø)

Zubereitungszeit: 35 Minuten
Kühlzeit: 1 Stunde
Backzeit: 65 Minuten

Für den Teig:
150 g Butter, plus etwas mehr zum Einfetten
250 g Mehl, plus etwas mehr zum Bestäuben
40 g Zucker
1 Prise Salz
1 Ei
abgeriebene Schale von ½ Orange
2 EL lauwarmes Wasser

Für den Belag:
1 Ei
3 Eigelb
120 g Zucker
400 g Crème fraîche
abgeriebene Schale und Saft 1 Orange
3 EL Orangenmarmelade
Orangenzesten, zum Garnieren

1 Für den Teig die Butter in kleine Stücke schneiden und mit Mehl, Zucker, Salz, Ei, Orangenschale und lauwarmem Wasser verkneten. Den Teig in Frischhaltefolie einwickeln und für mindestens 1 Stunde kalt stellen.

2 Für den Belag das Ei mit Eigelb und Zucker schaumig rühren. Die Crème fraîche in einem Topf erwärmen und dabei immer wieder mit einem Schneebesen durchrühren. Orangenschale und -saft hinzugeben und verrühren.

3 Die heiße Orangenmasse zur schaumigen Eiermischung geben und vermengen. Durch ein feines Sieb in eine Schüssel passieren und auskühlen lassen.

4 Den Teig auf einer bemehlen Arbeitsfläche mit der Teigrolle 3 mm dünn ausrollen. Die Tarteform mit Butter einfetten, mit dem Teig auslegen und den Boden mit einer Gabel einstechen. Den überstehenden Teig am Rand mit einem Messer abschneiden.

5 Den Boden mit Backpapier belegen, mit Hülsenfrüchten beschweren und im vorgeheizten Backofen bei 180 °C auf der untersten Schiene 15 Minuten blindbacken. Hülsenfrüchte und Backpapier entfernen und den Boden weitere 15 Minuten backen. Aus dem Ofen nehmen und die Temperatur auf 160 °C zurückschalten.

6 Den Tarteboden mit der Orangenmarmelade bestreichen. Die Orangenmasse in die heiße Tarte füllen und weitere 35 Minuten backen. Aus dem Ofen nehmen und abkühlen lassen. Vor dem Servieren mit Orangenzesten garnieren.

Zitronen-Biskuitrolle

Zutaten für
1 Backblech (30 cm x 40 cm)

Zubereitungszeit: 50 Minuten
Backzeit: 20 Minuten
Kühlzeit: 5 Stunden

Für den Teig:
5 Eier
4 EL warmes Wasser
75 g Zucker
90 g Mehl (Type 405)
55 g Speisestärke
1 TL Backpulver

Für die Füllung:
Saft von 3 Zitronen
abgeriebene Schale von 1 Zitrone
60 g Zucker
350 ml Wasser
5 Blatt weiße Gelatine
250 g Schlagsahne
40 g Puderzucker, zum Bestäuben
150 g Heidelbeeren, zum Garnieren

1 Für den Teig die Eier trennen. Eiweiß und Wasser in einer Schüssel mit dem Handrührgerät steif schlagen. Den Zucker unter Rühren langsam in den Eischnee rieseln lassen. Das Eigelb vorsichtig unterziehen. Mehl, Speisestärke und Backpulver mischen. Diese Mehlmischung in die Eimasse sieben und vorsichtig unterheben.

2 Das Backblech mit Backpapier auslegen, den Biskuitteig gleichmäßig darauf verstreichen und sofort im vorgeheizten Backofen bei 170 °C auf mittlerer Schiene etwa 20 Minuten backen.

3 Den Biskuit direkt nach dem Backen auf ein angefeuchtetes Küchentuch stürzen. Das Backpapier mit kaltem Wasser bepinseln und schnell abziehen. Den Biskuitteig mit dem Küchentuch aufrollen und 2 Stunden auskühlen lassen.

4 Für die Füllung Zitronensaft und -schale mit Zucker und Wasser aufkochen und kurz aufwallen lassen. Dann die Gelatineblätter in etwas Wasser einweichen, ausdrücken, unter den noch warmen Zitronensirup rühren und kalt stellen.

5 Die Schlagsahne in einer Küchenmaschine steif schlagen. Sobald die Zitronenmasse anfängt fest zu werden, die geschlagene Sahne unterheben.

6 Die Biskuitrolle vorsichtig ausrollen und die Zitronensahne auf dem Biskuit verteilen. Sofort wieder aufrollen und 3 Stunden kalt stellen.

7 Vor dem Servieren die Biskuitrolle mit dem Puderzucker bestäuben, aufschneiden und mit den Heidelbeeren garnieren.

Zitronentarte à la Angela

Zutaten für
1 Tarteform (24 cm Ø)

Zubereitungszeit: 25 Minuten
Kühlzeit: 30 Minuten
Backzeit: 65 Minuten

Für den Teig:
200 g Mehl, plus etwas mehr zum Bestäuben
90 g Puderzucker
90 g gemahlene Mandeln
140 g Butter, plus etwas mehr zum Einfetten
1 Ei
1 Prise Salz

Für den Belag:
abgeriebene Schale und Saft von 3 Zitronen
150 g Butter
265 g Zucker
4 Eier
2 Zitronen
100 g Wasser
100 g Zucker

1 Für den Teig Mehl, Puderzucker und Mandeln vermischen. Die Butter in einem Topf zerlassen. In einer Küchenmaschine die Mehlmischung mit Butter, Ei und Salz verrühren. Danach mit den Händen zu einem glatten Teig verkneten und diesen in Frischhaltefolie gewickelt 30 Minuten kalt stellen.

2 Für den Belag Zitronensaft und -schale, Butter und Zucker in einem Stieltopf unter Rühren erwärmen, bis sich der Zucker aufgelöst hat. Die Eier mit einem Schneebesen schaumig schlagen und in die Zitronenmasse geben. Vom Herd nehmen und dabei weiter umrühren, bis eine geschmeidige Creme entsteht.

3 Die Tarteform mit Butter einfetten. Den Teig auf einer bemehlten Arbeitsfläche mit der Teigrolle 5 mm dünn zu einem Kreis ausrollen. In die Form legen, den Rand gut andrücken und den überstehenden Teig abschneiden. Den Boden mehrmals mit einer Gabel einstechen.

4 Den Teigboden mit Backpapier belegen, mit Hülsenfrüchten beschweren und im vorgeheizten Backofen bei 180 °C auf der untersten Schiene 15 Minuten blindbacken. Hülsenfrüchte und Backpapier entfernen und den Boden weitere 15 Minuten backen. Aus dem Backofen nehmen und die Temperatur auf 140 °C zurückschalten. Die Zitronencreme auf den Teig gießen und weitere 35 Minuten backen.

5 In der Zwischenzeit die Zitronen heiß abwaschen und in dünne Scheiben schneiden. Die Scheiben in einem flachen Topf mit Wasser und Zucker aufkochen und 10 Minuten langsam köcheln lassen. Danach in dem Zuckersirup auskühlen lassen.

6 Die fertige Tarte auf einem Kuchengitter auskühlen lassen. Vor dem Servieren die Zitronenscheiben auf der Tarte verteilen.

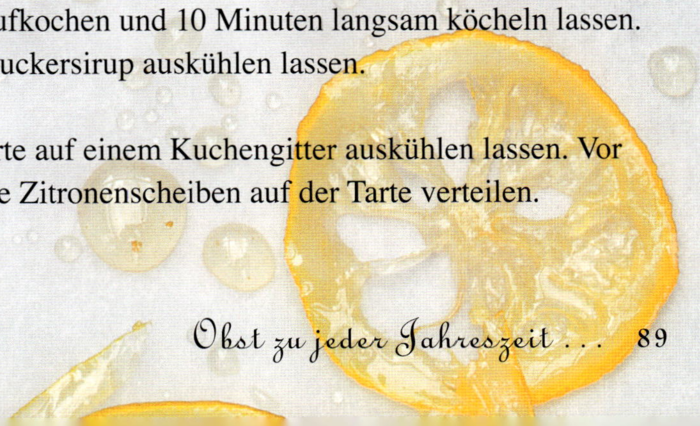

Feigen-Cointreautorte

Zutaten für
1 Springform (24 cm Ø)

Zubereitungszeit: 40 Minuten
Backzeit: 40 Minuten

Für den Teig:
70 g getrocknete Feigen
120 g Butter, plus etwas mehr zum Einfetten
½ Vanillestange
4 Eier
150 g Zucker
3 EL Speisestärke
220 g gemahlene Mandeln
20 ml Orangenlikör

Für den Belag:
200 g Schlagsahne
50 g Puderzucker, plus etwas mehr zum Bestäuben
1 Tütchchen Sahnesteif
400 g frische Feigen
20 g geröstete Mandelblättchen, zum Garnieren
Puderzucker, zum Bestäuben

1 Für den Teig die getrockneten Feigen in einer Küchenmaschine fein hacken. Die Butter in einem kleinen Topf zerlassen. Das Mark aus der Vanillestange herauskratzen.

2 Die Eier trennen. Das Eigelb mit 100 g Zucker und Vanillemark schaumig rühren. Speisestärke, gehackte Feigen, Mandeln, Butter und Orangenlikör unter die Eimasse rühren.

3 Das Eiweiß in einer Küchenmaschine halbsteif schlagen. Nach und nach den restlichen Zucker unter Rühren einrieseln lassen, bis der Eischnee steif ist. Dann vorsichtig unter die Feigenmasse heben.

4 Die Springform mit Butter einfetten, die Feigenmasse einfüllen und im vorgeheizten Backofen bei 200 °C auf mittlerer Schiene 40 Minuten backen. Aus dem Ofen nehmen und auskühlen lassen.

5 Für den Belag die Feigen waschen und halbieren. Die Schlagsahne mit Puderzucker und Sahnesteif steif schlagen. Die Sahne auf den ausgekühlten Kuchen streichen und mit den halbierten Feigen belegen. Zum Schluss mit den gerösteten Mandelblättchen bestreuen und mit Puderzucker bestäuben.

Tipp: Die Kuchenplatte mit Feigenblättern belegen und den Kuchen darauf platzieren.

Sherry Trifle mit eingelegtem Obst

Zutaten für
8 Glasformen (à 200 ml)

Zubereitungszeit: 45 Minuten
Ruhezeit: 30 Minuten
Kühlzeit: 1 Stunde

500 g frisch geriebene Kokosraspel
250 g Löffelbiskuits
100 g Aprikosenkonfitüre
200 ml trockener Sherry
2 Orangen
2 Nektarinen
1 vollreife Banane
1 Päckchen Vanille-Puddingpulver
500 ml Milch
1 Vanillestange
200 g Schlagsahne
40 g Zucker

1 Die Löffelbiskuits grob zerdrücken und in eine flache Schale geben. Die Aprikosenkonfitüre mit 150 ml Sherry verrühren, vorsichtig mit dem Biskuitbruch vermischen und mit Frischhaltefolie abgedeckt beiseitestellen.

2 Die Orangen filetieren: Zunächst am Stilansatz jeweils einen 1 cm dicken Deckel abschneiden, dann die Außenschale inklusive der weißen Innenschale abschälen. Danach mit einem kleinen Messer zwischen die Häute der Orangen schneiden und so die Filets einzeln herauslösen. Die Häute kräftig ausdrücken und den Orangensaft in einer Schale auffangen.

3 Die Nektarinen halbieren, entsteinen und in kleine Stücke schneiden. Die Banane schälen, der Länge nach halbieren und in dünne Scheiben schneiden. Zusammen mit den Orangenfilets und den Nektarinenstücken vermischen. Den restlichen Sherry darübergeben und die Mischung 30 Minuten mazerieren.

4 Die Biskuitmasse auf die Glasformen verteilen und das Obst mit dem Saft darübergeben. Etwas Obst zum Dekorieren zurückbehalten.

5 Den Vanillepudding mit der Milch nach Packungsanweisung zubereiten, in eine Schüssel füllen, mit Frischhaltefolie abdecken und 1 Stunde auskühlen lassen.

6 Die Vanillestange längs halbieren und das Mark herauskratzen. Die Sahne mit Vanillemark und Zucker steif schlagen. Den Pudding mit einem Schneebesen glatt rühren und die Sahne unterheben.

7 Die Creme in die Förmchen füllen und die Gläser auf die Arbeitsfläche klopfen, damit sich die Creme setzen kann. Zum Schluss mit den restlichen Obststücken garnieren und kühl servieren.

Tamarillotorte mit Schokolade

Zutaten für
1 Springform (24 cm Ø)

Zubereitungszeit: 45 Minuten
Backzeit: 50 Minuten
Kühlzeit: 4 Stunden

Für den Teig:
5 Eier
1 Prise Salz
3 EL Wasser
150 g Zucker
100 g Mehl
20 g Speisestärke
40 g dunkles Kakaopulver
Butter, zum Einfetten

Für die Füllung:
2 Tamarillos
8 Blatt weiße Gelatine
40 ml Orangenlikör
110 g Puderzucker
500 g Sahne
2 TL Vanillezucker

Für den Belag:
2 Tamarillos
100 g Quittengelee

1 Für den Teig die Eier trennen. Das Eiweiß mit dem Salz steif schlagen. Das Eigelb mit Wasser und Zucker so lange rühren, bis der Zucker aufgelöst ist. Das Mehl mit Speisestärke und Kakao vermischen und mit dem Eischnee locker unter die Eigelbmasse ziehen.

2 Die Springform mit Butter einfetten und den Teig hineinfüllen. Den Biskuit im vorgeheizten Backofen bei 180 °C etwa 50 Minuten backen. Dann auf ein Kuchengitter stürzen und auskühlen lassen.

3 Für die Füllung die Tamarillos mit einem Sparschäler schälen, den Stielansatz entfernen und die Früchte mit einem Pürierstab pürieren. Die Gelatineblätter etwa 10 Minuten in kaltem Wasser einweichen, dann ausdrücken und mit dem Orangenlikör in einem kleinen Topf bei niedriger Temperatur auflösen. Zusammen mit Tamarillopüree und Puderzucker vermischen.

4 Die Sahne mit dem Vanillezucker steif schlagen. Die Tamarillomasse unter die Sahne ziehen.

5 Den ausgekühlten Biskuit waagerecht halbieren. Die untere Hälfte wieder in die Springform geben und die Tamarillocreme darauf verteilen. Mit dem zweiten Boden bedecken, die Form mit Frischhaltefolie abdecken und die Torte etwa 4 Stunden im Kühlschrank kühlen und fest werden lassen.

6 Für den Belag die Tamarillos mit einem Sparschäler schälen, den Stielansatz entfernen und die Früchte mit einem scharfen Messer in dünne Scheiben schneiden. Die Scheiben kreisförmig auf dem Kuchen verteilen. Das Quittengelee leicht erwärmen und mit einem Pinsel über die Tamarilloscheiben streichen.

Register